静寂なほど人生は美しい

弱視の音楽療法士が伝える
「聞こえない音」の世界

工藤咲良

静寂なほど人生は美しい

工藤咲良

私は先天性弱視で、
左目の視力が０・０５、右目は光を感じるだけです。
両目とも視力は矯正不可能で、
見える方の左目も、視野は下半分しかありません。

聴覚は私の命綱です。

生まれたときから自然に鍛えられてきた私の聴覚は、
音楽療法士という職業において、
大活躍をしてくれただけでなく、

この本を通して、
「聞こえないけれど、実際には響いている音」を聴く方法を
伝えることを実現させてくれました。

弱視の大変さは、ほとんど見えていないにもかかわらず、
誰にもそれに気づいてもらえないことです。

初めて私に会った人はたいてい、私の目の障害に気づきません。
よく知っている人でも、私が弱視であることを、
すぐに忘れてしまいます。

でも、それは、誰も知らない私の努力の成果なのです。
誰にでも、人の目には見えない苦しみがある。
でも、人知れずかみしめるささやかな喜びもある。
ささやかな喜びこそ人生を満たす喜び。

それは、

目に見えない音。
耳に聴こえない音楽。
あなただけのために生まれた、
世界にたった一つしかない、真実。

静けさの中で、音のない風に乗って、
あなたのもとへ、やって来ます。

たった一つの、かけがえのない気づきとして——。

はじめに
プロローグ　あなたの心が呼んでいる…22

I　聞こえない音の世界

1　静けさの贈りもの…30
2　聞こえない音ってどんな音？…36
3　耳を澄ますことは愛の行為…50

II　聞こえない「音楽」の世界

1　人々の心が奏でる「聞こえない音楽」…58
2　「間（ま）」と「余韻」の力…66

3　心と心が奏でるアンサンブル——ただ、その一瞬の美しさを求めて…74

III　私が歩いて来た道

1　15歳の決意——クリスチャンとしての出発…84
2　ふつうの子になりたい——小学生時代…90
3　役に立つことのよろこび——今一番必要なことをする…100
4　父の死と留学——アントロポゾフィー音楽療法を学ぶ…106
5　ふたたび日本社会へ——活躍の裏で…114
6　大手術——ある外科医との出会い…118
7　うつ病と新しい出発——演奏家、編曲家として…126
8　土を耕す——違うかたちで、音楽療法のために働く…136

あとがき　3つの出会い…140

はじめに

みなさんは、どんな音楽が好きですか？
一番のお気に入りは、なんという曲ですか？

音楽という芸術を、こんなにも、美しく、力強く、生命感あふれるものにしている、その秘密は、いったいどこに、隠されていると思いますか？

それは、一つの旋律が終わって、次の旋律が始まるまでのあいだの、静けさの中です。音が鳴っていない、一瞬一瞬が、音楽を呼吸させ、躍動させているのです。
どの国の、どの時代の、どんな音楽も、同じです。
そして、これは、音楽以外のことすべてに、あてはまります。

現代社会に生きる人々は、なにかを「する」ことに、とてもこだわります。「○○日間で○○ができるようになる方法」という言葉に、多くの人たちが、吸い寄せられます。

こうすれば健康になれる、お金持ちになれる、運命の人と出会える、もっと幸せになれる……、と。

でも、こういう情報の嵐に身をさらしていると、あれもしなければ、これもしなければと、だんだん、息苦しくなってきませんか？　一度時間を止めて、深呼吸したいと、思いませんか？

昔の人々は、自分たちが、目に見えない神々の手にいだかれて、生きていることを知っていました。人間には分からないこと、人間の力ではどうしようもないことが、この世にはたくさんあることも。

天の神、地の神、樹に宿る精霊、家の守り神……。

なにか困ったことがあると、人々は手を合わせて祈りました。そして、どういう結果になろうと、それは神のおぼしめし、だったのです。

いったいいつから、人々はなにかを「する」ことに、こんなにもこだわるようになったのでしょう。

それは、科学の進歩によって、人々が多くのことを知るようになってからです。人間は、すべてを知っている、どんなことだってできると、人々は思い込むようになりました。

でも、ほんとうにそうでしょうか。

いいえ、そうではありません。

たとえ、科学が驚くべき速さで進歩しているとしても、この宇宙について、今、人間に分かっていることは、浜辺の砂の、ほんのひと粒にすぎないのです。そうではありませんか?

そして、目に見えない世界も、私たちをいだいてくれている大きな手も、昔と同じように、今でもここにあって、私たちは、その中で生きています。

もし、人々がもう一度、目に見えない世界と出会えたら、きっと、なにかを「しない」ことの価値を知るはずです。私たちの力の及ばないところで、働いてくれている、目に見えない存在が、感じられるようになるからです。

人々はもう、自分自身を追い立てることを、しなくなるでしょう。深呼吸をする時間と空間が、生まれるでしょう。風のうたう歌を聴き、太陽のあたたかさを肌に感じる心のゆとりが、できるでしょう。

この本では、「聞こえない音を聴く」ことを通して、目に見えない世界と出会う道をお伝えします。それは、私が音楽療法士であることに加えて、弱視という障がいをもっているからです。

私は先天性弱視で、左目の視力が0・05、右目の視力はありません。両目とも視力は矯正不可能で、見える方の左目も、視野は下半分しかありません。でも、生まれつきなので、私にとってはこれが当たり前。子どものころは、自転車も一輪車も乗りまわし

ていましたし、大人になってからは、国内外どこへでも、言葉さえ通じれば、一人で行きます。

こういうことを可能にしてくれているのは、聴覚、触覚、嗅覚、その他、視覚以外のありとあらゆる感覚です。これらの感覚たちが、本来のノルマをはるかに上回る仕事をして、視覚情報の不足を補ってくれているおかげです。

特に、聴覚は私の命綱です。こうして、生まれたときから自然に鍛えられてきた私の聴覚は、音楽療法士という職業において、大活躍をしてくれただけでなく、この本を通して、「聞こえないけれど、実際には響いている音」を聴く方法を、みなさんにお伝えすることを、実現させてくれました。

そうです。私は音楽療法士です。日本の大学の音楽科を卒業した後、6年間、ドイツ、ベルリンの街外れの、森の中に建つ、小さな学校で学びました。私が勉強したのは、「アントロポゾフィー音楽療法」という、ちょっと変わった音楽療法です。

みなさんは、「シュタイナー教育」という言葉を、聞いたことはありませんか？ その教育法を提案したのが、ルドルフ・シュタイナーという人です。彼は、19世紀末から20世紀初頭にかけて、「アントロポゾフィー」という世界観を語り、それを、教育や、医療や、農業に役立てるこころみを、ドイツ、スイスを中心に、行った人です。

「目に見えて、手で触れることのできるこの世界の後ろには、大きな、大きな、目に見えない世界（精神界）があるんだよ。」

これが、アントロポゾフィーの考え方です。

「目に見えない世界だって、訓練をすれば、だれでも、見ることができるんだ。」

と、シュタイナーは言います。

「それは、君自身の頭で、理論的に、ものごとを考える訓練なんだ。科学の研究をするときと、まったく同じようにね。」と。

つまり、シュタイナーは、人々が、伝統や習慣の一つとして神々を信じていた、昔に帰るのではなく、科学的な目と、思考法で、もう一度、目に見えない世界と出会う方法を、語った人でした。

私は、17歳の秋に、シュタイナーの世界観と出会い、深く感動しました。そして、この思想を勉強して、いつか、世の中の役に立つことをする、と心に決めました。

2008年、私は、アントロポゾフィー音楽療法士の認定を受けて、ドイツから帰国しました。そして、他の先生たちと一緒に、この音楽療法を学びたいと望む人たちのためのクラスで教え、日本で最初のアントロポゾフィー音楽療法士を13人、世に送り出しました。

17歳のあの日から、もうじき24年が経ちます。
この月日のあいだに、豊かな、豊かな、経験をしました。
うれしいことも、悲しいことも。

うれしい経験のよろこびは、とても語り尽くすことのできないほどに、大きなものでした。悲しい経験の痛みもまた、語り尽くすことができないほどに、大きなものでした。

その深い悲しみは、長い年月、私の心を苦しめ続けました。そしてとうとう、10年前、うつ病にかかり、今はもう、働くことすらほとんどできないほどに、体力が落ちてしまいました。

でも、自分自身が病気になって、自分の力ではなにもできない、まったく先が見えない、そんな絶望を経験したからこそ、知ることができた、貴重なこともありました。

それは、なにもしようとせず、ただじっと、目に見えない世界の響きに、歌に、耳を澄ますことが、いかに大切か、ということでした。

私の症状が急速に悪化していたころ、いろいろな人たちが、

「これが原因だから、これをした方がいいですよ。」

と、さまざまなアドヴァイスをしてくれました。

私を心配して言ってくれていることは、充分に分かっていました。

しかし、こういう、判定や、アドヴァイスは、ただでさえ混乱している私の頭を悩ませ、心に重くのしかかり、やっと命をつないでいる力を、萎えさせてしまうのでした。

そして、なにを隠そう……。

音楽療法士として、私自身が、今まで、まったく同じことを、人に対してやってきたのです。

ある日、いつも私のことを支えてくださっていた女性の先生が、どんな方法を試しても、私の容態が一向に良くならないことを悲しんで、私にきいたことがありました。

「あなた自身は、なぜ、自分がうつ病になったのだと思いますか？　どうしたら治ると思いますか？」

しばらく考えて、私は答えました。

「分かりません。でも、原因や、解決法が、あるわけではないような気がします。……きっと、ここを通らなければできない仕事があって、神さまは、私にその仕事をさせたいのだと、思います。」

過去に原因があるのではなく、未来に目的があって、人は病気にかかるのだと、私は思っています。その「目的」は、目に見えない世界の中に、隠されているのだと。

「ここを通らなければできない仕事」……。

それが、まさに、この本を書くことでした。

あれから10年経って、分かったことです。

お医者さん、看護師さんをはじめ、カウンセラー、○○療法士、ヒーラーなど、さまざまなかたちで治療にたずさわる人たち、教育にたずさわる人たち、家族や友人を助けたいと思っているすべての人たちの手に、この本が届くことを祈っています。

プロローグ

あなたの心が呼んでいる

もし、今日、あなた自身の心から、あなたに宛てた手紙が届いたとしたら、それは、どんな手紙でしょう。もしかしたら、こんな手紙かもしれません……。

＊＊＊

こんにちは。ひさしぶりだね。ぼく、だれだと思う？

君自身の心だよ。
生まれたときから、いや、生まれる前から、ずっと君の中にいて、君と一緒に生きてきて、君のことを、だれよりもよく知っている、君の心だよ。

君が子どものころ、ぼくと君は、一つだった。

君には、君だけの世界があって、その世界で、ぼくたちはなんにだってなれたし、どこへだって行くことができた。公園の木の上には、君だけの隠れ家があったし、学校からの帰り道は、君の魔法の言葉一つで、遠い南の国の、まっ白なお城へと続く街道に変わった。君は、その小さな美しい国を治める王様だった。

あのころ、君は、君自身の心の言葉、そう、ぼくの言葉を、素直に、堂々と、語っていた。
でも、大人になるにつれて、君はあまり、ぼくの声を聴いてくれなくなった。そして、ほんとうは君自身のものではない、空っぽの言葉を、語るようになってしまった。

「常識」とか、だれだれさんの言ったこととか、本で読んだこととか、そういうことの方が、今の君にとっては、ぼくの言葉より、大事になってしまった。

ぼくは、悲しい。

だれだれさんから言われた言葉に、君が傷つき、すっかり自信を失ってしまっているのを見ているのが、ぼくはつらい。人に嫌われるのが怖くて、ほんとうはしたくないことを、我慢してやっているのに、そのことにすら気づかない君を、ぼくはこれ以上、見ていられなかった。

だから、ぼくは君に、こうして手紙を書いている。

帰っておいで。ぼくのところへ。

君が、自分の目で見て、耳で聴いて、体で感じて、心で感じて、頭で考えたことに、自信を取り戻して。子どものころの君がもっていた、自分自身の感覚に対する、ゆるぎない確信を、もう一度、手にしてほしい。

そのために、今、ぼくは君に、新しい世界を見せようと思う。それは、

目に見える世界と一緒に存在している、目に見えない世界。

聞こえる音の世界と一緒に存在している、聞こえない音の世界。

人はそれを、霊的な世界とか、精神界とか、スピリチュアルな世界と呼ぶ。そういう世界が、作り話でもなく、想像でもなく、実際にあることを、君は知るだろう。

その世界が、手で触れることのできるこの世界と、地続きであることや、君自身、この世界とその世界の両方で、同時に生きていることも。

その新しい世界は、君に、たくさんの、大切なことを教えてくれる。

君はもう、人になんと言われても、自信を失うことなく、堂々と、生きてゆくことができるようになるだろう。

君の心を締めつけていた心配や、焦りが、一つ一つ、はがれ落ちてゆくだろう。今まで、不安に駆りたてられてやっていた、たくさんの不必要なこと、無意味なことをしなくなる。すると、四方八方へ散っていた君自身の力が、君の手の中に帰って来る。

人はみな、目に見えない大きな手にいだかれ、導かれていることを知るから。

君は、この世界が必要としている、君にしかできない役目を、輝く笑顔で、果たすようになるだろう。
ぼくには、もう、そんな君の姿が見える。

これだけは、ぜったいに覚えておいてほしい。

目に見えない世界への入り口は、君自身の心、そう、ぼくのところにしか、ない。
君自身の心が「違う」と言うことは、全部、ほんとうに、違う。
それが、だれの言ったことであろうと、この本に書いてあることであろうと。

なぜなら、その世界には、迷い道へと続く、偽物の入り口が、たくさんあるから。その入り口が本物か、偽物か、見分けることができるのは、君自身の心だけだから……。

Ⅰ 聞こえない音の世界

1．静けさの贈りもの

あなただけのために生まれた、世界にたった一つしかない、真実。

静けさの中で、音のない風に乗って、それは、あなたのもとへ、やって来ます。

一つの、気づきとして。

それは、しばらくのあいだ、あなたの心を満たし、やがて、深い、たましいの泉の中

に、落ちてゆきます。

聞こえない、音を立てて……。

すると、まるで、カメラのピントが合うように、目の前に広がる世界が、突然、はっきりと見え始めます。それまで、ほしい、ほしいと思っていたものが、一瞬で、必要のないものに、姿を変えてしまいます。

１８０度、人生の目標が、変わってしまうこともあります。

そんな、真実に、あなたは、今まで何度、出会ってきましたか？

外の世界が静かになると、人の耳は、自分自身の内面へと開きます。すると、よろこびや悲しみ、せつなさや悔しさなど、いろいろな感情を感じます。心が傷ついているときは、その痛みを、もろに、感じます。

だれでも、痛みは、感じたくないものです。

でも、そういう、感情のトンネルの先に、聞こえない音の世界は、広がっています。
たくさんの気づきが、まるで花びらのように風に舞う、聞こえない音の世界が。

私たちが、自分自身の感覚で、ものごとを感じ、心に受け止め、頭で整理する力は、
まさに、静けさの中で、育まれてゆきます。
情報の嵐にさらされることのない、静けさの中で。

ひと昔前には、電車の中が、そんな静けさにひたることのできる場所でした。

30年前のことを、みなさんは覚えていますか？
私は9歳でした。

夏休みや冬休みになると、緑色とオレンジ色の東北線に乗って、栃木の祖父母の家に遊びに行きました。赤羽から、白岡、栗橋を通って、野木までの1時間。今でも印象に残っているのは、外に広がる田園風景と、少しだけ開けられた窓から流れ込んでくる新鮮な空気、そして、電車の中の静けさです。スマートフォンはもちろん、携帯電話すらない時代。人々は、新聞を読んだり、眠ったり、物思いにふけりながら、あたたかく、安らかな空間を、作り出していました。

一人で行くときには、1回だけ放送される、車掌さんの、次の停車駅を知らせる声を聴き逃さないように気をつけながら、行きは、これから始まる楽しい日々に胸を躍らせ、帰りは、楽しかった日々の思い出にひたりながら、その1時間を過ごしたことを、覚えています。

この30年のあいだに、日本の街は、ずいぶんと、騒々しくなりました。電車やバスの中では、ひっきりなしにアナウンスが流れ、スーパーマーケットでは、宣伝が、あちらこちらから、幾重にも重なって、大音響で聞こえてくる。

ちょっと落ちつきたくて、カフェに入っても、ＢＧＭがかかっている……。
心やすまる場所が、ほんとうに、少なくなってしまったものです。

静けさには、ストレスによって傷ついた、
私たちの心と体を、修復する力があります。

大きな精神的ショックを受けた後に、人の心と体が、もっとも必要としているのは、
できるだけ刺激の少ない、安心できる環境です。凍りついた心と体がとけて、ふたたび、
ものごとを感じ、考えることができるようになるまでには、長い時間がかかります。

それは、目に見えない世界の力が、傷ついた心と体を、ていねいに、ていねいに、修
復してくれる時間です。
なにかをしたい、見たい、聴きたいと、外の世界へ心が開くのは、その後です。

ですから、静かな時間と空間を守ることも、音楽療法士の大切な役目の一つです。

「なにも音楽をかけないこと」も、すばらしいBGMの一つです。

電車内の、マナー向上のための呼びかけや、「バスが停車してからお席をお立ちください。」という安全対策のための呼びかけ。

もし、こういうアナウンスがなかったら、車内でのマナー違反や、転倒事故は、増えるかもしれません。でも、その一方で、この国の人々の、自主的に考え、行動する力が、育まれるかもしれません。

静けさが、私たちの心をいやす力と、思考力を育む力は、みなさんが想像しているよりも、はるかに、大きいのです。

2. 聞こえない音ってどんな音？

みなさんには、今、どんな音が聞こえていますか？

もし、本屋さんでこの本を開いているとしたら、人々の足音、咳をする音、ひそひそと話す声、携帯電話を片手に、「もしもし」と言いながら、足早に店を出て行く人の足音、レジの音、店員さんの話し声……。

あるいは、静かな部屋の中。

聞こえてくるのは、エアコンが風を送る低い音と、冷蔵庫の音、外を走る車の音、遠くからかすかに聞こえてくる救急車のサイレン……。

静かな場所は音が少ないところで、にぎやかな場所は音がたくさんあるところ。

多くの人たちが、そう思っています。

確かに、人の耳に聞こえる音の量はその通り。

でも、実は、静けさに包まれた空間で、人の耳には聞こえない音たちが、にぎやかに、うたったり踊ったり、おしゃべりしたりしていることもあるのです。

その一方で、機械がしゃべるアナウンスが、あちらこちらから聞こえてくるショッピングセンターの中で、聞こえない音たちが、みんな口を閉ざし、まるで凍りついてしまったかのように、静まっていることも……。

地球をおおう大気圏の内側が、どこもかしこも、くまなく空気で満たされているように、川や海の水の中が、どこもかしこも、くまなく水で満たされているように、この宇宙は、どこもかしこも、くまなく、「音」で満たされています。

……人の耳には聞こえない音で。

実は、私は以前、飛行機恐怖症でした。

ですから、留学していたころ、1年に1回、ドイツと日本を飛行機で往復するのは、決死の覚悟だったのです。なにしろ、片道12時間の旅ですから。

飛行機に乗るたびに、緊張し、手に汗をかき、たくさん無駄なエネルギーを使っていることに、私はいいかげん、いやになりました。

なぜ、自分は飛行機があぶない乗り物だと思っているのか。ほんとうに、そんなにあぶなかったら、そもそも、これほど多くの飛行機がお客さんを乗せて、世界中を飛んで

いるはずがない。

そう思った私は、飛行機はなぜ飛ぶことができるのか、その理由について調べてみました。

その結果、分かったことは、飛行機は決して、「鉄の塊（かたまり）が宙に浮いている」のではない、ということでした。分かりやすく言うならば、飛行機は、アルミニウムのような軽い素材でできています。それが、ちょうど、魚が水の中を、流れに乗ったり、逆らったりしながら泳いでゆくように、大気の流れの中を進んでいるのでした。

……そうか。空中は空っぽではなく、大気という物質で満たされているのか。

このことに気づいてから、私は、飛行機に乗るのが怖くなくなりました。

飛行機に乗るのをおそれる人がいるように、沈黙をおそれる人がいます。

なにか音が鳴っていないと寂しくて、ついつい、テレ

ビをつけっぱなしにしてしまう。会話が途切れることが怖くて、さして重要でもないことを、一方的にしゃべり続けてしまう。

もしかすると、スーパーマーケットやショッピングセンター、駅や商店街で、幾重にも重なって鳴り響いているＢＧＭやアナウンスは、沈黙のおそろしさからお客さんを守ってあげるための、サービスなのかもしれませんね。

大丈夫。

音がない場所は、決して空っぽではありません。

人の耳には聞こえない、豊かな響きで、

満たされている空間です。

では、聞こえない音とは、いったいどんな音なのか、これからご説明しましょう。

これを書いている今日は12月。先週から急に寒くなりました。

空を見上げると、白い雲や、灰色の雲が重なり合い、そのあいだから、ところどころ青空が顔を出しています。ときどき、陽がさして、枯れ野原を黄色く光らせます。

私が住んでいるのは、街中を流れる細い川の土手の傍。

今、ちょうど正午を少し過ぎたところです。

洗濯物を干しがてら、ベランダに出てみます。

耳を澄まします。

遠くから、近くから、上から、下から、前から、後ろから、聞こえてくる音をすべてキャッチします。なにも考えず、自分が空気になったつもりで、ただ、聞こえてくる音

に、身を任せます。
そろそろ寒くなってきたので、部屋に戻ります。

この、約1分のあいだに私が聴いたのは、このようなもの。

飛んで行くヘリコプターの低い音。
風が吹いてきて、遠くの木の枝をざわめかせる音。
かわるがわるに鳴く、鳥たちの高い声、カラスの低い声。
自転車のブレーキがきしむ音。遠くを走る車の音。
乾いた冷たい空気が、うっすらと、全体を包んでいる音。
お昼休み前の、安堵感に満たされた静けさ。

そうです。最後の2つが、聞こえない音ですね。

残念ながら、聞こえない音は、事実か、聴き間違いか、証明することができません。

でも、なにも考えず、ただ、聞こえてくる音に身を任せて聴き、あとからふりかえったときに印象に残っていて、自然に思い出すことができる音は、聞こえる音も聞こえない音も、実際に鳴っていた可能性が高いのです。


ベルリンで、音楽療法士になるための勉強をしていたとき、こんな練習をしたことがあります。


クラスのメンバーと先生、合わせて6人で、5日間、同じ時間に同じ場所へ行きます。

そこに立って、3分間、耳を澄まします。

聞こえる音から聞こえない音まで、聴き取った音をすべて記憶します。

教室に帰って、記憶に残っている音を、紙に書き出します。

それを発表し合ってみると、確かに、聞こえる音は共通のものがほとんど。

聞こえない音は、人それぞれ違うこともある一方で、全員が同じ「音」を聴き取っていたことも、珍しくありませんでした。

私たちが、毎日音を聴いた場所は、学校の近くの林の中の草地。時期は11月でした。北ドイツの草むらは、麦科の植物でできているので、6月に黄金色になって枯れ、11月に新しい葉が青々と茂ります。

あの日、クラスのメンバーほぼ全員が聴き取った「聞こえない音」は、緑の草のみずみずしさと、草におおわれた肥沃な土のあたたかさでした。

「聞こえない音を聴く」ことと、「雰囲気を感じ取る」ことは、よく似ています。でも、聞こえない音を聴く方が、雰囲気を感じ取るよりも、より正確で、事実から逸れてしまう可能性が低いのです。

なぜなら、聴覚は、私たちの気分や、その日の体調や、好ききらいなど、個人的な感情に、一番、影響されにくいからです。人間の感覚の中で、もっとも、だまされにくい感覚と言えるかもしれません。

「目くらまし」という言葉はあっても、「耳くらまし」とは、言わないでしょう？

聞こえない音を聴くときは、むしろ、「全身を耳にして聴く」のだと考えてください。

次は、いろいろな「静寂」の質の違いを、聴きくらべてみましょう。

演奏会に出演したり、講演会で話をしたことのある人は分かると思います。

リハーサルのとき、つまり、会場にお客さんが入っていないときの、がらんとした静寂と、会場がお客さんでいっぱいになり、まさに今、演奏や講演が始まる、その直前、お客さんが静まって、じっと耳を澄ましているときの、期待と緊張でピンッと張りつめ

た、すがすがしい静寂。

そして、すばらしい演奏や講演が終わり、拍手が始まるまでの、あの一瞬の、熱と力に満ちあふれた静寂。どの静寂も、聞こえる音がないという点は、同じはずです。でも、この3つの静けさは、あきらかに、温度も、色も、圧力も、違いますよね？

今度は、ある一人の人間が発する響きに、耳を澄ましてみましょう。

たとえば、講演会に行ったとします。初めて会う講師の先生が会場に入って来て、みんなに挨拶をします。さあここで、あなた自身の心を開きます。そして、講師の先生が話している内容ではなく、話し方、声の高さや大きさ、声色、語る速さなどを聴きます。

ちょっと緊張して、息が切れているかな？　小さな声で、口を半分閉じたまま、もごもごと早口でしゃべっているかな？　それとも、大きな声でゆっくりと話しているかな？　聴き手の反応に応じて、声の大きさや話すスピードは、しなやかに変化している

か。それとも、聴き手の反応に影響されることなく、淡々と話しているか。

ここまでは、聞こえる音です。

今、挙げたような、話し手の声にあらわれる感情は、いったん聴き取り、認識します。でも、良いとか悪いとか、好きとかきらいとか、評価せずに、そのまま受け入れて、もうしばらくのあいだ、自分が、あたりの空気と一体になったつもりで、耳を澄まし続けます。

ここから先が、聞こえない音です。

じっと耳を澄ましていると、まるで金脈に突き当たるように、話しているその人の本来の姿、その人らしさと出会う瞬間がおとずれます。

うす桃色のやわらかい花びらに触れたような感覚。
岩のあいだから湧き出る、水のような清らかさ。
好奇心いっぱいの仔犬のような、はずむ心。
晴れた日の海のような、青く、大きく、深い静けさ。
炎が消えた後も、静かに赤々と燃え続ける炭のような、熱……。
そんな、崇高で、限りなく愛おしい響きです。

慣れてくると、初めてだれかと会ったとき、一瞬でその人の「響き」を聴き取れるようになります。私は、前述の通り、弱視なので、もともとこれができました。相手の容姿や表情が見えない私にとっては、この方法しか、相手を知る手がかりがなかったわけで、だから自然に身についたのでしょう。でも、ふつうに目が見える人でも、これはできるようになります。

音楽療法士養成コースの最後の1年間、私はベルリンの病院で、音楽療法士の実習生として働いていました。ときどき、指導教官のペーター先生が、私の行う療法を見学し

にやって来て、いろいろとアドヴァイスをしてくれました。

その日も、ペーター先生が見学に来て、音楽療法のセッションが終わりました。2人きりになったとき、しばらくのあいだ、だまって余韻にひたっていた先生が、ぽつりと言いました。

「まるで銀のようだね……。」

私のクライエント（患者さん）のことを、先生は、こう表現したのです。

それは、私が彼女に対してもっていた印象と、まったく同じものでした。その人は、透きとおるような肌と、ほっそりとした体つきをした、20代前半の背の高い女性でした。

3. 耳を澄ますことは愛の行為

聞こえない音は、良い音ばかりなの?
悪い音を聴いてしまうことはないの?
そんな疑問をもつ人がいるかもしれませんね。
答えは、良くも悪くもない、です。

音の世界に存在するのは、さまざまな質の音たちです。
その「質」は、良い悪い、きれいきたない、という評価をこえたところにあります。

前項で、私がベランダで聴き取った音の世界を、思い出してみてください。

もし、あのとき、私が、聴いた音を評価し始めたとしたら、どうなるでしょう？

「あぁ！　せっかく、可愛らしい小鳥の声が聞こえていたのに、車の音が邪魔をしたわ。」

「今日はいやにカラスがよく鳴くし、暗い雲が立ち込めて、なんとなく不吉な予感がする。」……。


車の音は決して鳥の鳴き声の邪魔をしたわけではありませんし、カラスは不吉なことを予告するために鳴いたわけではありません。評価を始めたとたんに、私たちは、どんどん、事実から遠ざかっていってしまうのです。


空気のようになって聴く、と言いましたが、空気には、好きなものも、きらいなものもありません。

空気は、「これは事実か、それとも私の聴き間違いか」と考えることもしません。

勝手な意味づけも、しません。

お気づきでしょうか。
ここに、プロローグで触れた、「迷い道」への入り口があります。

私たちを迷い道へ、幻想の世界へ、引きずり込む犯人。
実は、それは、私たち自身が下す「評価」なのです。

ものごとや、人や、自分自身に点数をつけて、評価することが、みんな好きです。私もふくめて。評価してしまえば安心できると、私たちは心のどこかで、思っているのかもしれませんね。

でも、評価をしている限り、できないことがたくさんあります。

違う角度から、ものごとを見ること。
未知の世界に、一歩を踏み出すこと。
自分自身が、変わりながら、成長してゆくこと。

どれも、対象を理解するために欠かせないことです。……そして、「理解」は、愛へと、つながってゆきます。

なにもしようとせず、心の扉をいっぱいに開いて、相手を見つめる、相手に耳を澄ます……。これは、大きな愛の行為です。

よく耳にする「共感」よりも、
もっと大きな、愛の行為です。

先ほど、ある一人の人間の響きに耳を澄ましましたね。

こうして、一度、本来の姿と出会ったら、もう決して、その人をきらうことはできなくなるはずです。
たとえ、その人の発言や行動に腹を立てることがあったとしても、喧嘩をしたとしても、心底相手のことがきらいなわけではないので、自然に、相手をゆるすことができるのです。

ですから、安心してください。

あなたが「評価」をしない限り、悪い音を聴いてしまうことは、ありません。

人は、心や体を病むことがあります。
生きる苦しみから、人生の道を間違えてしまうこともあります。
その結果、本来のその人自身とは、別人のようになってしまうこともあります。
……それでも、本来のその人は、病むこともなく、けがれることもなく、本来のままの姿で、その人のたましいの奥底に眠っています。

いつか目覚めて、ふたたび、その人の心や体と、一つになれる日を夢見て……。

私たちが、聞こえない音の世界に耳を澄ましたとき、出会うのは、眠っている本来のその人の、尊い姿です。

II

聞こえない「音楽」の世界

1. 人々の心が奏でる「聞こえない音楽」

私たちが生きている限り、刻一刻と、時間は流れてゆきます。同時に、聞こえない音も、刻一刻と、変化してゆきます。

さっきまで、白や灰色の雲が浮いていた空に、灰色の雲が少しずつ増えてきて、やが

て、空全体をおおい、風に乗って、ぱらぱらと細かい雨が降り始めます。うっすらとあたりを包んでいた空気が、わずかに存在感を増し、その分、聞こえない音たちの存在感も、ほんの少し濃くなります。風が弱まり、土のぬくもりが香ります。

小走りに道を駆けてゆく人。雨宿りをしながら立ち話をする人。人々のあいだを流れる空気も、少しゆっくりになって、「コーヒーでも飲みますか」と、喫茶店に足が向きます。

一瞬一瞬、変化してゆく空の色とともに、空気の質感とともに、聞こえない音たちの響きも、移り変わってゆきます。外の世界に満ちる響きも、人の心や体に満ちる響きも……。

そう、聞こえない音の響きに満たされた世界は、聞こえない「音楽」に満たされた世界なのです。

音楽は、時間とともにある芸術です。

オーケストラの演奏を想像してみてください。

ある一つの楽器の、ある一つの音に、他の楽器の音が重なり、その響きに呼び起こされて、また他の楽器の音が加わります。

チェロの低く、ゆったりとうたうメロディに、ヴァイオリンが素早いパッセージで合いの手を入れ、打楽器がリズムを加え、聴衆は、その美しい舞踊に酔いしれます。すると突然、高らかに鳴り響くトランペットの音を合図に、静寂がおとずれます。

その静けさの中から、今度は木管楽器が、ささやくように、なんとも言えない不思議な旋律を奏でて、聴衆を神秘的な世界へと誘います……。

こんなふうに、曲が終わるまで、楽器たちはともにうたい、かけ合いをし、絡み合い、衝突し、支え合い……。集まっては広がり、大きくなっては小さくなり、常に速さを変えながら、物語をつづってゆきます。

空や海、森や草原、田畑や街を、くまなく満たしている聞こえない音楽も、私たち自身の心と体に満ちる聞こえない音楽も、そして、あなたと私、人間と人間のあいだに響く聞こえない音楽も、聞こえる音楽と同じように、刻一刻と、色合いを変え、姿を変えながら、移り変わってゆきます。

これは私が作った架空のお話です。

ひさしぶりに会った友だちと2人で、道を歩いてゆきます。
彼女は、今日、もの静かです。話しかけても、返ってくるのは、心の器に、なみなみと入っている水の表面が、少しだけ動いて、軽く投げ返してくるような、短い言葉です。

どうしたのかな？　元気がないわけではなさそうだけれど……。

なにも気づかないふりをして、しばらく、ぽつりぽつりと会話をしながら歩き、いつもの喫茶店の、いつもの席に、向かい合って座ります。一息ついて、彼女は、意を決したように話し始めます。

「実はね……。」
高鳴る鼓動が聞こえてくるくらいに、彼女の緊張

が伝わってきます。

「うん。」

私はつとめて軽く答えます。

「どう言ったらいいかな。」「びっくりするかもしれないけど。」「怒らないって約束する?」……。

長い前置きのすえ、やっとの思いで、彼女が語ってくれたのは、以前に私の紹介で就職した会社を、実は、働き始めて数ヶ月で辞めてしまったという話。そのことを、今まで、私に言えず、ずっと隠していたという告白。

「ふーん、そうだったんだ。まぁ、合わなかったのなら、早く辞めて良かったと思うよ。」

私のその言葉に、彼女は、信じられないという顔で、しばらくのあいだ、じっと私を見つめていました。でも、次の瞬間、安堵感とともに、張りつめていた糸が、ぷつん、

と切れたかのように、心の器にたまっていた水があふれ出してきて、彼女は、職場でなにがあったのか、そのときどんな気持ちだったのか、流れ落ちる涙とともに、声をかすれさせながら、すべて話してくれました。

彼女は、私になにも言わずに、その職場を辞めていたことを私が知ったら、私が怒るか、傷つくことを予想していたのでしょう。私がそれを聴いても、特になんとも思わなかったので驚いたのでしょう。

私は、「うん。」「へぇ。」「そうかぁ。」と、相づちを打ちながら、彼女の心の旅路を、一緒に歩きました。話が終わりにさしかかるころには、彼女は、すっかりいつもの彼女に戻って、ケラケラと笑っていました。

どこにでもありそうな、一つのエピソードです。でも、私と友だち、2人の心と心が奏でた「音楽」が、聞こえましたか?

2.「間（ま）」と「余韻」の力

いくたびか、心をゆさぶられる、すばらしい演奏を聴いたことがあります。

それは、ピアノや、チェンバロや、リコーダーや、弦楽四重奏、即興演奏（インプロヴィゼーション）など、さまざまな楽器の、さまざまな音楽でした。

最初の音が響いた瞬間から、心を鷲づかみにされ、最後の音の残響が消えてゆくまで、まるで、夢を見ているかのように、音楽の世界にひたりきってしまう……。こんな演奏

に出会えることは、そうそうない幸運です。

いつだったか、いったいなにが、こんなにも、演奏を生き生きとさせているのか考えていて、はっと気づいたことがありました。

それは、「間」の取り方です。

こういう、質の高い演奏をする演奏家は、休符や休止を「音のない場所」とは思っていません。聞こえる音が鳴らない、この「間」こそ、聞こえない音たちが大活躍をする場所です。

――「間」をどんな静けさにするか。

聴く人が、はっと耳を澄ますような、張りつめた静けさにするか、安心感に包まれた、あたたかい静寂にするか。それは、演奏家が、「間」へと向かう部分を、どんな音で、どういうスピードで演奏するか、「間」の長さをどれくらい取るか、ふたたび音が鳴り出す瞬間を、どういうふうに作るかによって決まります。

彼らは、これをしっかりと計画しています。それが意識的な計画であれ、無意識のものであれ。あらかじめ準備された計画であれ、その一瞬に決断された計画であれ。

また、すばらしい演奏家は、一つ一つの音の残響が、聞こえない音の世界へと吸い込まれて、「余韻」に変わるまで、しっかりと、耳を澄まして聴いています。音楽に命を吹き込むのは、鳴っている音そのものではなく、その音の「余韻」であるということを、よく知っているからです。

聞こえない音たちは、音楽の「間」と「余韻」の中で、私たちの心と体に、特別な力を与えてくれます。

すばらしい演奏を聴いた後の、あの胸の高鳴りと、幸せな気持ちが、その力をもらった証拠です。

これは、音楽に限ったことではありません。

講演や会議などで、人々になにかを伝えるとき、一番、聴衆の印象に残るのは、聴いた話の内容以上に、「間」と「余韻」に満ちていた、話し手の声の残響、息づかい、笑顔……。

――その人の存在そのものの「余韻」なのです。

そうではないでしょうか。

人は、人生の中で、うれしいことや悲しいこと、出会いや別れ、事故や病気など、さまざまな出来事を経験します。その出来事が去った後におとずれる静けさの中で、出来事の「余韻」が、まるで彫刻家のように、私たちの心を、より美しいものへと変えてくれます。

つらい出来事の「余韻」にひたるのは、とても苦しいことです。

その苦しさに、心と体が壊されてしまわないように、薬を使った治療や、その他の助けが必要なこともあります。それでも、「余韻」の働きを信じて、拒むことなく、逃げることなく、評価することなく、空気のようになって、感情の波に身をゆだねるなら、「余韻」はかならず、その人の心を磨き、宝石のように輝かせてくれます。

特に、非常につらい経験の「余韻」が、心にほどこす彫刻は深いものです。大きな出来事や、病気を乗りこえた人が放つ力の大きさと、はっとするほど美しい表情が、その証です。

人と人の関係においても、「間」と「余韻」は、大きな役割を果たします。

ある友だちと、人生の一時期をともに過ごし、別れて一人になります。また会う日までのあいだの、別々に過ごす時間が、2人の関係を育てます。一緒に過ごした時間の「余韻」が、離れて過ごす時間の中で、2人の心と体に染み込み、2人を成熟させます。

再会したときに、たとえ、それが1年後、2年後、数年後の再会であっても、お互いが、まるで、毎日を一緒に過ごしていたかのように感じるなら、2人の絆は、大地に深く根を張った大樹のように、ゆるぎないものであり、2人は、お互いに、お互いを、守り、助け、育んでゆける友である、という証拠です。

私は、遠い国に、たくさん、そういう友だちがいます。
以前は、別れるときのつらさと、会えない日々の寂しさに、泣いてばかりいました。

でも、今は、そんな友人たちがいることを、とてもうれしく思っています。会えない時間が長いからこそ、深まってゆく絆が、ほんとうにあるということを、自分自身の経験を通して、知ったからです。

II

聞こえない「音楽」の世界

3．心と心が奏でるアンサンブル——ただ、その一瞬の美しさを求めて

私が、カタリーナ先生の即興演奏と出会ったのは、ベルリンで音楽療法の勉強をしていたときでした。

彼女は、即興演奏のために特別に作られた、さまざまな楽器、たとえば、菩提樹（ぼだいじゅ）の一枚板を削り、両面にたくさんの弦を張った、触れると、まるで、泉から湧き出す水のよ

うな音がするハープや、1本の木をそのまま使って枠を作り、そこに張られた弦を弓で弾いて、木全体を響かせる、背丈よりも大きな楽器。石を石でこすりながら、まるで、石がうたっているかのように音を出す石琴……。

そんな楽器たちを、自由自在にあやつり、その瞬間に生まれて消えてゆく、楽譜も、なんの規則もない、完全に自由な即興演奏を発明した人でした。

カタリーナ先生との出会いは、それまで、クラシック音楽や、ジャズやポップスなど、一般的な音楽の世界しか知らなかった私の、「音楽」というものに対する価値観を、一瞬にして、すべて、崩してしまいました。

初めて彼女の演奏を聴いたとき、私は、あまりの感動に、全身がしびれ、しばらくのあいだ、声も出ませんでした。

音楽が、生きていたのです。

音楽が、ほんとうに、生きた力をもって、大きく、小さく、うれしそうに、悲しそうに、ときに激しく、ときにやさしく、躍動していたのです……。

それから15年。

私は、カタリーナ先生に音楽を習いました。ベルリンの学校を卒業して、帰国してからも、年に一度は、オーストリアの彼女の家をおとずれ、ともに生活し、語り合い、朝から夜ふけまで、一緒に音楽のよろこびにひたることを、続けてきました。

はじめは先生と生徒だった私たちも、今では、かけがえのない友人となりました。

そして、カタリーナが、厳しく、忍耐強く、指導をしてくれたおかげで、ここ数年は、2人で一緒に即興演奏をすることさえ、できるようになりました。

カタリーナとの演奏は、まるで、2つの心が、よろこびに満ちあふれて、宙を舞い踊っているかのような、特別な体験です。一人が発する一つの音に、もう一人が音を重ね、一人の呼びかけに、もう一人が応え、ときには同時にしゃべり、突然、一方が沈黙し、一人がゆうゆうと宙を舞い、やがて、もう一人もそれに加わり……。

ともによろこび、ともに悲しみ、笑い合い、口論し、一人が踊り、一人がじっとそれを見守り、きつく抱き合い、そっと離れ……、やがて、2人の音楽が終わる瞬間がおとずれます。

一緒に即興演奏をしているとき、私たち2人は、ただ、その瞬間、その瞬間の、音楽の美しさを目指しています。

自分はこうしたい、という思いや、相手の出した音に対する評価。こういう応答で良かったかしらという、自分自身が出した音に対する評価。相手はどう思っているだろうか、という疑問。こういった思考が、一瞬でも邪魔をすると、もう、2人の音楽は躍動しなくなってしまうのです。

もちろん、こういう考えが、まったく私たちの頭をよぎらないというわけではありません。でも、頭をよぎった瞬間に、私たちはそれを手放し、空気のようになって、ただ、音楽に身を任せます。

すると、かならず、まるで奇跡のような、美しい一瞬がおとずれます。

それは、これ以上の幸せって、この世にあるかしら……、と思うほど、幸福な時間です。

心と心が奏でるアンサンブル。

聞こえる音楽の演奏をしていなくても、
私たちの心は、常に、ともに、
音楽を奏でているのではないでしょうか。

聞こえない、音楽を。

平穏で、やさしく、あたたかいことだけが、美しさではありません。
するどい刃(やいば)で、不必要なものを切り落とす、そんな姿も、勇ましく、正面から激しく
ぶつかり合う姿もまた、清く、美しい。

美しさは、私たちが想像しているより、ずっとずっと、たくさんの姿をもっています。

いつわりのない、正直な気持ちは、どんな気持ちも、かならず、美しさに、つながっているのです。


人と人は、さまざまなかたちで、関わり合います。

治療者と患者、教師と生徒、ものを売る人と買う人、上司と部下。

夫婦、親子、恋人、友人同士……。


特に、仕事で関わるときには、なにかしらの目標が、2人のあいだに生じます。

治療や、教育や、サービスを提供する方の人には、目標を達成する責任も生じます。

ですから、サービスを提供する人は、目標達成のための計画や、知識や、テクニックに、どうしても、気持ちがとらわれてしまいます。

そんな中で、相手の心と、自分の心が奏でる音楽に、耳を澄ますのは、とても難しいことだと思います。そんな余裕などないのが、ふつうでしょう。

それでも、一度、勇気を出して、相手と自分、2人のあいだに響いている、聞こえないハーモニーに、耳を澄ましてみませんか？　その響きを感じられたら、あとは、ただ、2人の心と心が奏でるアンサンブルに、身をゆだねます。

すると、自然に、すべてのものごとが、整ってゆくはずです。
相手も自分も、たくさんのよろこびに、出会うはずです。

そのよろこびは、やがて、2人の心を満たします。

心を満たす、そのよろこびこそが、2人を、そして、2人が関わるものごとを育み、

豊かな実を、実らせてくれます。

もしかすると、その実りは、はじめの目標とは、違うものかもしれません。
でも、それはきっと、２人が、心底望んでいた、実りであるはずです。

子どもたちは、お父さんやお母さん、先生が、勝手に決めた「目標」の方ばかり向いているのか、ちゃんとまっすぐに自分と関わってくれているのか、すぐに感じ取ります。
目標の方ばかり向いている大人が、子どもたちはきらいです。

２人で一緒に、新しい世界を旅して、その中で、行き先を見つけて、歩いてゆきたい。
一緒に歩きながら、いろんな実を、たくさん実らせてみたい……。
子どもたちは、そう望んでいるのです。

III

私が歩いて来た道

Ⅲ章の1

1. 15歳の決意
――クリスチャンとしての出発

15歳の夏のあの夜、力強く踊る、キャンプファイヤーの炎を見つめながら、ぱちぱちと薪がはじける音を、私はじっと聴いていました。

関東のいくつかの教会から、中学・高校生が集まって行われる、毎年恒例の、夏の

キャンプでした。その年のキャンプは、旧約聖書に出てくるアブラハムの生涯がテーマでした。

毎晩、牧師先生たちが、自分自身の人生の中で、神さまと一緒につづってきた物語を交えながら、渾身の力を込めた、すばらしいお話をしてくれました。笑いころげるような冗談や、まったく笑えない冗談ばかり、今でもはっきりと覚えていて、肝心の話の内容は、ほとんど思い出せないのですが、先生たちのゆるぎない信仰と、炎のように燃える生きざまは、私の心の深みに触れ、感動させてくれました。

聖書を読み、自分の心と向き合い、神さまと話し、そして、讃美歌をたくさん、たくさんうたって過ごす、その数日間は、今思えば、なんと豊かな時間だったでしょう。

その夜、私は静かな、しかし、確固たる決断をしました。

「アブラハムのように、私は神さまに示された道を歩む。たとえ、その道がどこへ続くのか、分からなくても。そして、導かれた場所で、神さまの働き手として、生きる。」

私の父母は、クリスチャンではありませんでした。父の転勤先の仙台で通った幼稚園が、たまたま、キリスト教の幼稚園でした。そこで私は、神さまと出会い、牧師先生からイエスさまのお話を聴き、讃美歌をうたい、祈ることを、自然に覚えました。物心つくころには、毎晩祈ること、神さまに守られ、導かれて生きることが、私にとって当たり前になっていました。

東京に引っ越して、小学生になってからも、教会に通い、15歳のクリスマスに洗礼を受けました。大人になってからは、教会から離れてしまったものの、キリスト教の信仰は、今でも、深く私の心に根ざしています。

今、こうしてふりかえってみると、まさにアブラハムのように、私は神さまに示された通り、日本の大学を卒業した後、アントロポゾフィー音楽療法を学ぶため、ドイツへ留学しました。

ベルリンの音楽療法士養成校を卒業するには、約5年かかります。それまで経済的にやってゆけるのか、滞在ビザを延長し続けることができるのか、まったく先が見えないまま、私は留学することを決めました。不思議なことに、なんの迷いもありませんでした。

すると、㈱ダスキンが主催する「障害者リーダー育成海外研修派遣制度」という、相当に倍率の高い奨学金制度の、その年の受給者の一人に選ばれ、渡航費と、1年間、毎月の生活費を出していただけることになりました。毎月いただいた生活費は、まだ物価の安かった当時、2年分の生活費となりました。

でも、留学して4年目、実習が増え、アルバイトもできなくなり、経済的に窮地に立たされました。そのとき、応募した数えきれない奨学金は、どこも受からなかったものの、私が19歳のときに病気で他界した父の同僚が、たまたま訪問した取引先で、私のことを紹介してくださいました。その結果、イカリ環境文化創造研究所という会社の社長さんが、支援を申し出てくださって、日本で就職するまでの2年間、私の生活費を保障

してくださいました。

神さまってちゃっかり者なのです。

自分が私にやらせたい仕事は、達成できるように道を敷いてくれる。でも、私が違う方向へ行こうとすると、なにかかにか起きて、先へ進めなくなる……。

私は短気なので、うまくいかなくなると、いやになる。すぐに、放り出す。そして、後からふりかえると、

「あぁ、あっちへ行かなくてほんとうに良かった……。」

と胸をなでおろすのです。

2. ふつうの子になりたい
――小学生時代

もう少し、私の子ども時代のことをお話ししたいと思います。

通常の学校に、障がいをもった子どもが入学することが、まだ珍しかった当時、両親は、私を弱視通級指導学級のある、区立の小学校に、通わせてくれました。

そのおかげで、私は、弱視眼鏡や単眼鏡など、補助具を使う指導を受けることができただけでなく、毎日の学校生活の中で、実際にそういうものを使うことによって、視力の足りなさを補う習慣を、身につけることができました。

なにしろ、担当の先生が、しょっちゅう私のクラスに来て、ちゃんと補助具を使っているかどうか見張って、いや、見守ってくださるので、サボることができません。

中学生時代から現在に至るまで、この視力にしては珍しいほどに、サポートの必要も、不自由もなく、日常生活を送ることができているのは、小学生のころに受けた、この指導のたまものです。

私を担当してくださった先生は、厳しくも、心の自由なやさしい先生で、私の小学校生活をしっかりと支え、守ってくださいました。私は先生のことが大好きでした。

その一方で、私には、自分しか知らない、もう一つの姿がありました。

弱視という障がいがあったわりには、地域の小学校でも、中学・高校でも、いじめを受けることもなく、順調に過ごせた……と、まわりの大人たちは思っていたかもしれません。両親もふくめて。

でも、その背景には、私の、子どもながらの、並々ならぬ努力がありました。

それは、自分をできるだけ、目立たない存在にする努力でした。

幼稚園はともかく、小学校に上がると、子どもたちの「社会」があって、その中でうまくやってゆかなくてはなりません。

この、子どもの社会は、大人が手出しをすることの難しい社会です。先生が、一人の子どもをかばえば、その子は、子どもの社会で仲間外れにされてしまうかもしれません。

クラスの人気者で、いつも友だちがまわりにいる……、そんな女の子が、私の憧れでした。

一方で、自分はぜったいにそういうふうになれないことも、分かっていました。

目が悪いと、どうしても、他の子どもと違うしぐさや行動をしてしまいます。髪型も、服装も、他の子どもがどんなふうかよく見えないので、一人だけ違ってしまいます。そのうえ、他の子どもたちがアイコンタクトでなにかを伝え合っていても、気づきません。だから、どうしても、目立ってしまうのです。

目立てば恥ずかしいし、いじめられる可能性がある。私は、せめて、目立たない子になる努力をしました。なるべく発言しない、前に出ない。他の子どもたちの雰囲気や気配を、常に察知して、それに合

わせる。できるだけ友だちを作って、一緒に行動する。

それでも、小さな「からかい」はありました。今思えば、私がもっと堂々と、言いたいことを言える子どもだったら、そういうからかいもなく、友だちも、もっとできたのかもしれません。もしかすると、みんなは、私のことをもっと知りたかったのかも知れないし、私と関わりたかったのかもしれません。

でも、そのころの私は、自分にそんなことができるとは、考えもしませんでした。まして や、自分がみんなに好かれる人間だなどとは、思ってもみませんでした。

集合写真を見ると、自分だけみんなと違う方向を向いて、違う表情をしているし、他の女の子たちのようには可愛らしくもない。私の自己イメージは、相当に低かったのです。

「ふつうの子」になるための、私の努力は、高校生時代まで続きました。

大学を卒業し、ベルリンに留学した最初の1年間、私は、ベルリンのとなりの街、ポツダムにある、ポツダム大学のドイツ語特訓コースに通っていました。このコースは、DSHという、外国人がドイツの大学に入学するために必要な、語学能力試験の準備コースでした。

私が通った音楽療法士養成校は、大学ではなかったため、私は、学生ビザを取得してドイツに滞在するために、どこかの大学に籍を置かなくてはならなかったのです。このコースを修了し、DSHに合格して、私は6年間、ポツダム大学に籍を置きながら、音楽療法士養成校へ通いました。

あれは、教授法も教材も先生たちも、ほんとうにすばらしいコースでした。それだけでなく、さまざまな国からの留学生と仲良くなることができる、なかなかない貴重な機会でした。

ある初夏の日の休み時間、私は階段に腰かけて、よく晴れた空の下、どこまでも広がる芝生の、あざやかな緑をながめていました。

「サクラ！」

中国人のシュエと、大柄でよくしゃべるロシア人のオルガがやって来て、私の両側に座りました。

「いい天気だね。」

「あたたかいし。」

すると、

「サクラ！」

また、どこからか声がして、長い金髪を三つ編みにしたウクライナ人のユリアが、水

筒を片手にやって来て、階段の下の段に腰かけました。

「ねぇ、中国ではヘビ食べるんでしょ？」

ユリアがききます。

「うん、食べるよ。」

シュエが答えると、

「じゃあさ。みんなで森に探しに行って、料理しよう。」

「ユリア、本気？」

「なぜ？　私、ヘビ食べてみたい。」

そんな会話をしているうちに、一人、また一人とクラスの仲間たちが集まって来て、最後には、先生もやって来て、みんなのあかるい笑い声が、風に乗って、緑の芝生をわたってゆきました。

……あぁ、私は、みんなに囲まれている。

ふいに、深いよろこびに包まれました。

小学生のころの自分の姿が、一瞬、目に浮かんで、消えました。
あれから、長い長い時が経って、私は今、みんなの真ん中に座っている。
やっと、ここへ、来れた。

そう思ったときの、あの胸の奥の熱さを、今でもはっきりと覚えています。

それでも、私は、小学生の段階で、たくさんの子どもたちと一緒に過ごす経験ができたことを、とても幸運だったと思っています。子どもは露骨で、容赦もないけれど、素直です。大人になって社会に出てからでは、自分がどんなにおかしな格好や行動をしていても、だれも教えてくれません。

もちろん、障がいがある人もない人も、みんな、ありのままの姿でいることが、一番すてきだと、今の私は思っています。でも、子どものころの私は、自分自身に対して、ありのままでいることを、ゆるせなかったのです。

なによりも、たくさんの子どもたちの中で無難に生活するために、小学1年生から高校3年生まで12年かけて磨いた、雰囲気を察知するテクニックは、のちに、「聞こえない音を聴く」技術へと発展してゆきました。

音楽療法士という職業において、この技術は、クライエント（患者さん）の状態を正確に理解し、その人に効く音楽療法を提供するうえで、必要不可欠でした。日本の音楽療法士養成コースで教えていたときにも、さまざまな場面で、受講生に対して的確なアドヴァイスをするための、大きな助けとなりました。

そして、今、この本を書くことを、実現させてくれています。

3. 役に立つことのよろこび
――今一番必要なことをする

思い返してみると、私はいつも、なにかしら心の痛みをともなう経験をし、自分の心を傷つけた対象（多くの場合、それは自分自身なのですが）に対する怒りを原動力にして、人生の新たな一歩を踏み出してきたような気がします。

痛みを経験した者として、同じような思いをする人を、これ以上、増やさないために、社会に働きかける責任が、自分にはあるような気がするのです。

社会に働きかける方法は、さまざまです。

「この現状が変わってゆくためには、なにが必要だろうか？」

と広い視野で考えてみます。そして、そのために自分にできることはなんだろう、と考えると、自分の次の一歩が見えてきます。

その一歩を踏み出すことで、経済的な安定や、社会的な地位や、自分の居場所を失うこともあります。

それでも、人生には時間制限があり、今回の人生の、今このときまで、いろいろな人たちからもらった大切なものや、育んでもらった力を、できる限り、世の中で役に立ててから死にたい、と私は思っています。

だから、新しい一歩が見えたとき、私は、それまで担ってきた役目を、他の人に手渡します。

不思議なことに、どんな役割にも、私が担うべき時期があり、そして、やがて、次の人に手渡すべき時期が来ます。

そういうときがおとずれると、私がかかえ込んでいる限り、この「ものごと」は、もうこれ以上、輝かない、とはっきり分かります。日本での音楽療法士養成の仕事も、その一つでした。

その一方で、私自身は、なにかしらのつらい経験に背中を押されて、今までとはまったく違う新しいことを始めます。

その新しい仕事が、ようやく軌道に乗り始めて、しばらくすると、どこかでふたたび、壁にぶつかり、傷つき、悔しさを噛みしめ、自分が力を注ぐべき、より切迫した問題があることに気づきます。そして、さらに新たな道へと方向転換をしてゆきます。

この繰り返しで、私の人生はできています。

傍から見ると、まるで根無し草のように見えるかもしれません。

いつまで経っても、出世することができないので、学生時代とさして変わらぬ経済状況ですし、肩書もはっきりしません。しかし、私にとっては、出世することや地位を得ること、食べてゆける以上のお金をもつことよりも、一つでも多く、ほんとうに、人の役に立つことをする方が、大切なのです。

特に、うつ病になって、体力が落ち、その少ない体力を、すべて仕事に注ぎ込んでいる私を見て、

「もっと自分自身が幸せになることをしたら？」

「もっと楽しく、らくに生きた方が、まわりの人たちのことも幸せにできるよ。」

「たまには気分転換することも必要だよ。」

と、みんなはアドヴァイスをしてくれます。

どれも、もっともな意見ですし、私自身、そうできたら……、と思うこともあります。

でも、らくに生きる、ということが、私にはどうしても、できないのです。

幸せになりたい、と思うことも、できないのです。

その理由は、たぶん、19歳で父を天国へ見送ったとき、大きな苦しみと孤独の中にあった父に、充分、寄り添うことをしなかった自分自身を、いまだに、ゆるせていないからだと思います。父の苦しみから目を逸らし、さまざまな理由を作って、それを正当化していた自分を、私はいまだに憎んでいます。できることがもっとあったはずなのに、それをしなかったことを、まだ後悔しています。

だから、自分は決して、幸せになどなってはいけないと、私は心のどこかで思っているのです。

……それでも、私は、
力いっぱい、精いっぱい生きる、
この生き方が好きです。

自分が注いだ力によって、あちらこちらに咲いた小さな花たちを、心から美しいと思い、あちらこちらに実った果実を、心から美味しいと思っています。

4．父の死と留学 ——アントロポゾフィー音楽療法を学ぶ

高校を卒業すると、私は、当時、他の大学に先駆けて、音楽療法の授業に力を入れていた、東海大学の音楽科に進みました。

大学2年生の春、父が、くも膜下出血と脳出血を併発して倒れました。母と私が知らせを受けて、病院に駆けつけたときには、すでに意識がなく、医師の診断は、意識の回

復はおそらく不可能であろう、というものでした。

きょうだいがいない私は、その日から、母を支える役目を担いました。医師たちの懸命な治療により、父は手術を受けることができる状態になり、数ヶ月後に、意識が戻ってきました。しかし、目覚めた父は、認知機能と身体機能に重い障がいを負っていました。そして、８ヶ月後に、亡くなりました。

父の病と死を通して、私は、人間をまるで骨や、筋肉や、血管や、内臓や、脳のようなパーツが組み合わさってできた、生きる物体であるかのように扱う現代医学に対して、大きな違和感を覚えました。

ある日、突然、倒れ、目覚めたら、考えることも動くこともできなくなっていた……。

正直、私だったら、こういう状態で目覚めるよりも、倒れて意識を失ったまま、死なせてほしいです。患者本人が受けた精神的打撃から目を逸らし、身体管理と延命措置だけを、一生懸命にやる。

それは、医師や看護師だけでなく、私たち家族も、同じでした。

意識が戻った場合、父は、身体的、精神的に、どのような状態で目覚めるか。

その状態を、父は、どう感じ、どう受け止めるだろうか。

その状況に、家族として、どのように対応し、援助するか。

介護が必要な状態だった場合、この先、どのように、父とともに生活してゆくか。

このようなことを、どれ一つ考えることなく、ただやみくもに、

「生きていてほしい。」

「少しでも回復してほしい。」

という、身勝手な願い一つで、私たち家族は、手術と延命治療を受ける選択をしました。

私たちは、あまりにも、無知で、未熟だったのです。

どうやって、病や死に向き合ったらよいのか、分からなかったのです。

その結果、父に、意識が戻ってから亡くなるまで、８ヶ月間の地獄を見せてしまいました。無力感と孤独と、悲しみにまみれた地獄を。

家族の考え方、心のもち方一つで、病に倒れ、後遺症を負った本人は、心が救われることもあります。それどころか、病に倒れたことをきっかけに、今まで知らなかった愛情や幸せを、家族とともに築いてゆくことすらできる……。

そのことを、私はのちに、ドイツの大切な友人と、そのパートナーの人生から、学びました。

父を送った後、私は、自分自身と、現代医学に対して、激しい怒りを覚えていました。

アントロポゾフィーは、そんな私に、ひとすじの光を示してくれました。

病は決して不運ではない。人が成長し、より強い力を得るための試練である。

死は決して、すべての終わりではない。肉体を脱いでも、精神は生き続ける。

しばらくの時間を精神界で過ごし、ふたたび新しい肉体をまとって、生まれてくる……。

ドイツやスイスにある、アントロポゾフィー医療を実践する病院では、人の精神が、とても大切にされています。ホスピスや緩和ケア病棟には、専門の心理療法士や、牧師や、司祭がいて、患者さんの話を聴き、安らかな死を迎えられるよう、援助をします。

死後の精神さえ、大切に扱われます。患者さんが亡くなると、次の日は、まる一日、特別な部屋に遺体が安置され、ろうそくと花が飾られます。だれでも、その部屋へ入って行って、お別れができるようになっているのです。

私も実習生として働いていたところ、何度か、見送った患者さんの最後の音楽療法を、遺体の傍で、させていただきました。

大学生だった私は、ドイツのベルリンに、アントロポゾフィー音楽療法を学ぶことができる学校があることを知りました。その学校に、何回手紙を書き、ファックスを送ったことでしょう。ようやく、校長のペーター先生から返事が来て、学校を見学することをゆるしてもらいました。

大学の交換留学制度を利用して、初めて、

1ヶ月半、ベルリンに滞在したとき、私はその学校を訪問し、ペーター先生に会いました。

たどたどしいドイツ語で、

「日本でアントロポゾフィー音楽療法を実践したいのですが、どうしたらよいですか？」

ときいたら、先生は平然と、

「それなら、ここへ来て、5年間、勉強しなければいけないよ。」

と答えました。

まさか留学までは……、と思っていた私の心が、この一瞬で決まりました。

私はこの学校で音楽療法を勉強し、かならず日本に帰ってそれを実践する、と。

ベルリンの学校で勉強した5年間は、私にとって、一生の宝物です。

最初のころは、言葉もよく分からず、授業についてゆけないこともありました。それでも、同級生5人の小さなグループですから、しょっちゅう、

「サクラの意見は？」

「サクラはどう思うの？」

と、きかれます。遠慮すること、黙っていること、隠れること、ごまかすことは一切ゆるされませんでした。日本で、なるべく目立たないように、発言しないように、他の人たちのかげに隠れるようにしてきた私は、たくさんの壁を乗りこえなくてはなりませんでした。


同級生たちは、一番年下で、外国人で、弱視の私を、あたたかく受け入れ、支え、励ましてくれました。2年、3年と経ち、だんだん私の化けの皮がはがれて、本性があらわれ、ずうずうしくなってくると、からかい、笑いの種にし、そして、心からの敬意と愛情を示してくれるようになりました。彼女たちは、ずっと、私の大切な友だちです。

5. ふたたび日本社会へ
——活躍の裏で

2008年の夏、帰国した私は、音楽療法士として、地方のクリニックに就職しました。そのクリニックで、音楽療法士として働きながら、横浜で、他の先生たちと一緒に音楽療法士養成コースを立ち上げ、そのコースをベルリンの母校と提携させ、日本で研修を受けた学生たちも、ベルリンの学校の卒業生と同じ資格をもらうことができる道を

開きました。

その一方で、医学セミナーをはじめ、いろいろな機会に、いろいろな場所で、講師として招いてもらい、講義をしたり、ワークショップを開きました。新幹線や飛行機での移動が多い数年間でした。

まだ若い私に、大事な任務を任せてくれる人たちの期待と信頼に応えようと、私は、精いっぱい力を注ぎました。そして、確かな手ごたえも、感じていました。


それなのに、なぜか、私には心からのよろこびがありませんでした。

仕事は楽しいのに、家に帰って一人になると、どうしようもないむなしさに襲われました。その、むなしさが、だんだんと大きくなり、私を呑み込んでゆきました。眠れない日が増え、睡眠導入剤が手放せなくなりました。ちょっとしたことで、ひどく疲れるようになり、だんだんと、出張が難しくなってゆきました。


ホメオパシー、漢方薬、お灸、カウンセリング、ヒーリング。ありとあらゆる療法を試してみても、どういうわけか、どれ一つ、私の症状を、ほんとうに改善してはくれま

せんでした。どの治療も、私以外の人には、ちゃんと効くのに……。

今思うと、もっと不思議なことがあります。それは、上記の専門家のうち、だれ一人として、あれだけの症状があったにもかかわらず、私に、心療内科や精神科へ行くことをすすめなかった、ということです。だれもすすめないのだから、自分のうつ状態は、きっと、まだ「病気」と言えるほどのものではないのだ、と私は思っていました。

もし、あの時点で、精神科にかかり、抗うつ剤治療を始めていたら、うつ病が、こんなに重くなることを防げたのではないか……。

この苦い思いは、正直、いまだに、私の心から消えていません。

III
私が歩いて来た道

6. 大手術
――ある外科医との出会い

そのころ、私は、ひどい腰痛に悩まされるようになりました。整形外科をはじめ、他の科でも、一通り検査をしましたが、原因不明。整形外科で運動療法（リハビリテーション）をすすめられ、週に何日も通っていました。しかし、私の腰痛は悪化の一途をたどり、鎮痛薬を切らすことができなくなりました。

私が住んでいた街は、地方で、車社会だったので、電車は20分に1本、バスは1時間に1本か2本しかありませんでした。歩行者が少なく、バスを利用する人も少ないので、バス停の作りも粗末で、屋根がありません。夏は、37℃の炎天下で、10分も15分も遅れて来るバスを待たなくてはなりませんでした。腰が痛くて立っていられず、地面に座って泣きながら、バスを待ちました。

暑さと、痛みと、車を運転したくてもできない者に対する、車社会の不平等さへの怒りに耐えながら……。

街灯も少ないので、夜は、なにも見えない状態で、道を歩きました。そのうち、恐怖心すら消えて、

「自転車にぶつかっても、だれかに襲われて、怪我をしても、死んでも、しかたがない。私には危険を防ぐすべがないのだから。」

という、自暴自棄な気持ちで、歩くようになりました。

そうこうしているうちに、腰痛が激しくなり、座ることもできないほどになりました。たびたび高熱が出るようになり、血液検査で、白血球の数値が異常に上がりました。抗生物質を大量に飲む日々が続きました。


そんなある日、勤めていたクリニックの医師が、

「痔ろうじゃないかな？」

と言いました。

自分でも、インターネットで、腰痛の原因について、いろいろと調べてはいたのですが、「痔ろう」という病気は、その存在自体、まったく知らなかったため、可能性を疑うことも、できませんでした。

すぐに肛門科へ行ったら、

「今までこんなにひどい痔ろうは見たことがない。骨盤まで膿んどる。」

と医師に言われました。

「よく、こんな痛みを我慢しとったなぁ。」と。

その言葉を聴いて、

「やっと、理解してもらえた。やっと、治療してもらえる。」

と思ったとたん、体の力が一気に抜けて、それまで抑え込んでいた、さまざまな気持ちが、あふれ出してきました。

私は留学中、ドイツの病院で2度、切れ痔の手術を受けていました。その手術の傷跡が痔ろうになっていたのです。すぐに入院し、切開で膿を出し、ようやく激痛と高熱から解放されました。

そして、数ヶ月後に、同じ病院で、痔ろうの「ろう管」を取り除く、大手術をしました。お尻の右と左を大きく切開し、内側からも切りました。手術後1ヶ月半で退院はしたものの、メスを入れることのできない肛門括約筋には、ゴムをかけ、それから約1年半かけて、少しずつ削ってゆきました。

完全に削り終えたころには、もう横浜に引っ越して来ていたので、最後の診察には、新幹線に乗って行きました。

文字通り、身を切るような体験でしたが、それだけの価値がありました。

このとき、私の治療を担当してくださった外科医の先生こそ、私のたましいを、根底からゆさぶり、目覚めさせてくれた人でした。……熟練に熟練を重ねた手の技と、その手の技からにじみ出る、人間性によって。


処置の後、私は先生に言ったものです。

「先生が、ガーゼを交換するときってね、まるで、ピンセットの先っぽに、先生が『居る』感じなんだよ。」

「なんだい、そりゃ？　そんなもん、だれがやったって同じだろう。」

「いや、他の先生も、ピンセットの先っぽに居るように、努力はしてくれるけれど、70パーセント居ることができれば、いい方なんだ。でも、先生は、いつも、100パーセント居てくれる。」

先生は、「よく分からん」と言って、ゲラゲラと笑い飛ばしていましたが、大事な治療や、難しい治療のときには、かならず、「ぼくがやる」と言って、みずから、処置をしてくださいました。

信頼感は、なにより強力な麻酔なのかもしれません。はじめは、

「硬膜外麻酔を使ってやります。」

と言っていた小さな手術を、

「ん？　処置が長いなぁ。」

と思っているあいだに、

「局所麻酔でできちゃった。」

「……!?」

ということすら、ありました。

「痛いもんを痛くなくやるのが、ぼくらの仕事だから。」

そう言っていた先生の、謙虚でありながら、自信に満ちた笑顔を、今でもよく覚えています。

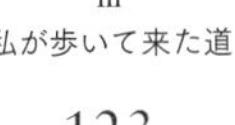

この先生に出会って、私は、自分自身の姿を、あらためて、見つめ直しました。

自分は、音楽療法士として、この先生のような確かな技術を、もっているだろうか。

日々、その技術を磨く努力を、しているだろうか。


音楽療法士にとって、なによりも大切なものは、他でもない、音楽です。

どんなに簡単な曲でも、即興演奏でもよいのです。ここが、「演奏家」と違うところ。

でも、あとは、演奏家と同じです。つまり、音楽で、どれだけ、生き生きとした、それでいて、限りなく繊細な表現ができるか。どれだけ自信に満ちた演奏ができるか……。


私は、自分が、自分の専門外の、スピリチュアルヒーリングや、カウンセリングの技術を、見よう見まねで、音楽療法の中にもち込もうとしていたことに気づき、冷や汗をかきました。そして、とても恥ずかしくなりました。

同時に、専門的なトレーニングを受けたわけではない、○○療法士や、セラピストや、ヒーラーを名乗る人たち、代替医療の医師たちが、半端に手を出せば危険な心理療法の領域に、知らず知らずのうちに足を踏み入れて、治療を行っていることにも、気づきま

した。

このとき、私は心に決めました。
自分は今後、いわゆる「スピリチュアル」や「ヒーリング」関係のものから、一切、手を引こうと。そのかわりに、自分の演奏技術を磨き、音楽に対する造詣を、もっともっと、深めてゆこうと。

目に見えて、手で触れることのできる、この現実世界の中で、現実的な手の技を、磨いてゆく。その過程でこそ、人の人間性は深まり、精神性（霊性）は高まってゆくのだ……。

一人の外科医の先生が、その事実を、身をもって、私に教えてくれました。

7. うつ病と新しい出発 ――演奏家、編曲家として

手術の傷は治ったものの、心のうつ状態は、徐々に重くなってゆきました。横浜に引っ越してから、心療内科にかかり、抗うつ剤治療も始めました。抗うつ剤のおかげで、少しはらくになったものの、病状はなかなか良くなりませんでした。

思い返してみれば、うつ病の最初の症状があったのは、父が病床にあったころですから、かれこれ、15年もかかえてきた病気です。そう簡単に治らないのも当然です。

一人暮らしの私は、とうとう、日常生活も困難になり、入院しました。

もちろん、仕事も、ほとんどできなくなっていました。特に、音楽療法の仕事をすると、きまって病状が悪化しました。

もう自分は、音楽療法士として働くことができない……。

その現実を受け入れるのは、とてもつらいことでした。

それからの数年間は、入退院を繰り返しながら、音楽療法士養成コースの仕事のみ、細々と続けていました。

うつ病は、比較的調子の良い時期と、来る日も来る日も、体と心を締めつける苦しみとの闘いが続く、絶望のどん底のような時期を、繰り返す病気です。そんな、苦しい時期には、

「このまま病み続けながら、自分は人生を終えるのだろう。どうせならば、早く、終え

たい。」

そう、本気で考えたものです。

その日、まだ入院中だった私は、少し気分が良くなったので、外出許可を取って、商店街まで散歩に行きました。本屋さんに立ち寄ったとき、『わたしはマララ』という本が、目にとまりました。かねてから、読んでみたいと思っていた本でした。本を買って病院に帰り、読み始めました。

それは、自らの命を危険にさらしながら、

「女の子にも平等な教育を！」

と訴え、教育の機会均等のために立ち上がった、15歳の、パキスタンの少女の手記でした。ある日、タリバンに撃たれ、大怪我をしながらも、それを乗りこえて、ふたたび壇上に立ち、彼女はスピーチをします。この少女、マララ・ユスフザイさんは、その翌年、17歳という最年少で、ノーベル平和賞を受賞しました。

病院でこの本を読みながら、

「私も、私にできる精いっぱいの働きをしてゆきたい。」

という強い想いが、湧き上がってきました。


「アブラハムのように、私は神さまに示された道を歩む。たとえ、その道がどこへ続くのか、分からなくても。そして、導かれた場所で、神さまの働き手として、生きる。」

自分がマララと同じ15歳だった、あの夏、神さまの前で、そう誓ったときの気持ちが、ふたたび、心によみがえってきました。

今の日本の現状に対して、私には、なにができるだろう……。
そう考えたすえに出た答えが、
「街の中で音楽を奏でる。」
というものでした。

目に見えない世界の力が、私の演奏を通して働くように、まずは、もっともっと、自分自身の演奏を磨こう。そして、東京や横浜の街角で、演奏し、聴きたい人が足を止めて、聴きたいだけ聴いて、聴いた分だけ投げ銭をしてくれたら、それでいい。

これが、音楽の一番、美しい在り方だ……。


そう思いました。

街角で、心安らぐ演奏を聴いた人々が、ほっとして、深呼吸し、新しい力を得て、家路につくことができたら、社会が、ほんの少しでも変わるための、後押しになるのではないか。

街角で演奏している自分の姿を思い描いてみると、それは、音楽療法という枠の中で働くよりも、自分の性格に合っていて、楽しく、上手にできるような気がしました。


ここから、今現在へと続く道が、開けてゆきました。

このアイデアをいろいろな友人たちに話してみると、

「ぜひ、やって！」

「聴きに行きたい！」

そして、

「どうせなら、静かなところで、ゆっくりと座って聴きたい。」

などの、意見が返ってきました。

私が演奏する楽器は、「ライアー」という、もともとは、シュタイナー教育や音楽療法の場で演奏するために開発された、膝に乗せて弾く、小さなハープのような楽器です。ただし、ハープと違って、指の腹で弦を「押して」音を出します。とても繊細な表現ができるとともに、音域が広く、残響がとても長いので、豊かな響きを出すことも可能です。

でも、考えてみれば、友人の言う通り、静かな場所で、リラックスして聴きたくなる楽器です。

「ならば、コンサートにしよう。」

こうして始めたのが、「ライアーの夕べ」と名づけた、私の演奏会です。

ストリート演奏に近いかたちで、プログラムもチケットもない、投げ銭式のコンサート。横浜、東京を中心に、京都でも開催し、2年間で11回、行いました。

相変わらず入退院は繰り返していましたが、この活動を始めたことをきっかけに、私は少しずつ、力を取り戻してゆきました。同時に、毎回、コンサートに通って来てくださる人たちが、良き友人として、私を支えてくれるようになりました。


CDを作ったときにも、そんな友人の一人が、

「ぜったいに安くするな。2500円以下にしたらゆるさない。」

と、すばらしいアドヴァイスをしてくれました。

「さくらさんの編曲が好きだから、楽譜に書いて!」

というリクエストを、自らライアーで演奏活動をしている人たちからいただき、楽譜集ができました。


私は、中学・高校生時代、学校のオーケストラでクラリネットを吹いていました。同

じ時期、教会では、リコーダーで、奏楽を手伝っていました。

だから、いろいろな楽器の特徴を知っています。また、さまざまな時代の、さまざまな国の作曲家の作品に触れてきたので、どんなジャンルの曲でも、その曲がもっている個性をいかした編曲が得意です。

なによりも、クラリネットは他の楽器と違って、「ドレミファソ」と吹くと「シ（♭）ドレミ（♭）ファ」という音が出ます。つまり、楽譜が、他の楽器より一音、高く、書かれているのです。そのうえ、A管とB管という2種類の楽器があり、ほとんどの交響曲のパート譜は、A管のクラリネット用に書かれています。

私が中学・高校生だったころ、学校にはB管のクラリネットしかありませんでした。しかたなく、私たちは、A管用の楽譜を、B管用に書き直して、演

奏していました。それを「写譜」というのですが、いったい交響曲を何曲、写譜したか分かりません。なにしろ、中学・高校生時代の記憶は、勉強をしていた記憶よりも、写譜をしていた記憶の方が、多いのですから……。

そんなわけで、楽譜を書くことにも、私は慣れています。

ライアーは、ピアノやヴァイオリンのように、ポピュラーな楽器ではないので、「ライアー用の楽譜」というものが、ほとんどありません。ライアーを弾く人たちの多くが、弾きたい曲のピアノ譜を見て、てきとうに音を抜いて、ライアーで弾けるようにして弾いたり、自分の感覚をたよりに、メロディに、「なんとなく合う音」を付け加えて弾いたりしています。

でも、編曲は、音楽理論にかなったものでなくてはなりません。

編曲によって、ある一つの曲が、つまらなくなってしまうこともあれば、とても美しく生まれ変わることもあります。

日本全国、各地に、美しいライアー演奏の輪が、広がってゆく。

その演奏を聴く人々の心が、音楽のあたたかさと、なぐさめと、力で満たされる。

「編曲譜を作る」ことを通して、そのための力になることができたなら、こんなにうれしいことはありません。一人で始めた活動が、たくさんの人たちの手によって、受け継がれてゆく……。

「あぁ、この道を選んで良かった……。」

私は、心からそう思いました。

8．土を耕す——違うかたちで、音楽療法のために働く

もちろん、音楽療法士として、さまざまな現場で働いている人たちにも、私は、声援を送り続けたいと思っています。

でも、私自身は、たぶん、もう音楽療法士として働くことはないだろうと、今は思っています。たとえ、いつの日か、うつ病が回復したとしても……。

過去に、ありとあらゆる療法を、私は試した経験があります。
しかし、病で一番つらいときに、一番力強く、私を支えてくれたのは、友人たちでした。
なんの遠慮もなく、話したいときには、いつでも電話をすることができる友だちこそ、私にとって、命綱でした。

お互いに、支え合い、助け合うことのできる友だち。

「治療」ではなく、そんな友人たちとの、立場の違いも境界線もない、素直でオープンなやりとりに、私は、何度も何度も、助けられてきました。
だから、私は、音楽療法士としてではなく、一人の友人として、大切な人たちの傍にいようと、きめました。

音楽療法士として働けば、友人として、だれか一人を助けるのと同じ時間と力で、10人の人を助けられるかもしれません。代価ももらえます。

……それでも、私は、自分自身が、ほんとうに救われたことを、他の人にも、したいのです。

私自身が、救われたことしか、他の人に、できないのです。

横浜の、音楽療法士養成が行われていた場所では、提携していたベルリンの学校が、閉校してしまったため、現在は、以前のような資格取得ができるコースは、開講されていません。私自身も、2018年4月をもって、退職しています。

日本の音楽療法士養成コースと、ベルリンの母校のつなぎ役をつとめながら、私は実感しました。海外から「輸入した」音楽療法を、日本社会に定着させようとすることには、どうしても、無理があるのだと。

この国に、独自の音楽療法が芽生えるまでには、まだまだ、長い時間がかかるでしょう。

音楽療法が芽生え、根を張って成長してゆくことができる大地は、よく耕された、肥沃な大地です。

そんな大地の上に築かれる社会は、きっと、ふところの深い、成熟した社会であることでしょう。

私は、その土地を耕す役目を、担おうと思っています。

この本も、そのための鍬(くわ)の一振りです。

あとがき　3つの出会い

「良き師、良き友、良き本との出会いは、人生を豊かにしてくれる。」

これは、12歳の誕生日に、小学校の先生からいただいた言葉です。


まさに、この3つの出会いによって、今の私があります。

そして、この本は、今の私だからこそ、書くことができたものです。


たくさんの大切なことを、教え導いてくださった先生方、お一人、お一人に、この場を借りて、心から感謝と敬愛の意を、表したいと思います。


中学・高校生時代、オーケストラクラブで、音楽の楽しさを教えてくださった先生方。

プロの演奏家としての実績と、音楽に対する深い理解を土台とした、その厳しい指導は、最高の音楽教育だったと、今でも思っています。

弦楽四重奏や木管五重奏……、合宿の最後の夜、先生方が、息づかいを感じるほど間

近で、聴かせてくださった演奏に、私は心を躍らせ、深く感動し、音楽の道へ進む決意をしました。

ベルリンの、音楽療法士養成校で出会った先生方は、人を理解すること、心に迎え入れること、その瞬間瞬間に、自分自身を、すべての計画や、意図や、知識や、判定から自由にすること、そして、ユーモアの力を借りながら、上手にハードルをこえてゆく技を、教えてくださいました。

いろいろな国で暮らしている、さまざまな年齢の女性、男性、子どもたち……。みんな、私の大切な友だちです。

私は、自分が教える立場にあるときも、決して、自分を「先生」と呼ばせません。それは、いつの日か、私が教える立場でなくなったときに、生徒さんと良き友だちになる道を、残しておきたいからです。

Clover出版オーディションの最終審査、3分間のプレゼンテーションに臨むとき、すばらしいアドヴァイスをしてくれたのも、かつては生徒さんだった友だちでした。

「3分間ぎりぎりじゃなくて、ちょっと、時間に余裕があるくらいに、おさめたいんだけど、どこを削ったらいいと思う?」

私のプレゼンテーションを聴いてくれた友だちに質問すると、こんな答えが返ってきました。

「さくらさん、とにかく、聴いている人を、あまり、あっちこっちに連れて行かない方がいい。

つまり、なにか一つの話を聴けば、一つのイメージが、頭の中に浮かぶでしょう?

その、イメージの数を、できるだけ減らした方がいい。その方が、しっかりと、聴く人の印象に残る。」

なんと的確なアドヴァイス!

もし、彼女の意見がなかったら、私は、18人中一人という倍率のグランプリ受賞者に選んでいただけなかったと思います。この本が生まれることも、なかったでしょう。

大好きな私の友人たち、この場を借りて、みんなに呼びかけます。

私と出会ってくれて、ありがとう！

よろこびも、悲しみも、一緒に背負ってくれて、ありがとう！

母は、私が小さいころ、たくさんの本を読んでくれました。

ローラ・インガルス・ワイルダー著『大草原の小さな家』シリーズ、E・B・ホワイト著『シャーロットのおくりもの』、J・シュピーリ著『ハイジ』、今村葦子著『ふたつの家のちえ子』……。

1冊1冊の本が、私の世界を豊かにしてくれました。

小学校高学年になると、自分で、いろいろな本を読むようになりました。中学・高校生時代、私が大好きで、いつも抱えて歩いていた本は、作家ジーン・アウル氏の手に

よって、最先端の考古学研究を基盤に、壮大な太古の世界が描かれた、「始原への旅だち シリーズ」全12巻。クロマニヨン人の女の子「エイラ」が、ネアンデルタール人の部族に育てられ、成長してゆくお話です。

そして、大人になってから出会った、上橋菜穂子さんの作品。すべての本を、少なくとも2度は、繰り返し読んでいます。特に、「守り人 シリーズ」全13巻の物語は、帰国後の、とてもつらかった10年間、私にとって、唯一の救いでした。この物語があったからこそ、私は、あの時期、私自身でいることができたのだと思います。

Clover出版の編集長の小田実紀さんが、私の日本語を、才能だと、ほめてくださったことがありました。

でも、私自身は、あまり才能だとは思っていません。もし、小田さんがそう感じてくださったのならば、それは、子どものころから、質の高い物語に、たくさん触れることができた幸運のおかげだと思います。

特に、上橋菜穂子さんの、物語の世界へと、力強く読者の心を惹き込む表現や、どこ

までも繊細で、美しく、その一方で、生々しいほどの実質感をもった描写、息づかい……、そう、まさに、語りの中に生きる「音楽」が、ほんのひとしずくだけ、私の一部になっているからかもしれません。もし、そうだったら、とても、とても、うれしいです。

＊＊

「拝読しました！　この章はこれでOKです！　こちらの章も、同じように美しくお願いします！」

朝、パソコンを開くと、編集長の小田さんからメッセージが入っています。

発信時刻を見ると、23時30分……。

小田さんは、こんなに遅くまでかかって、原稿を読んでくださったのです。

この後、帰宅されたのだろうか。また会社に泊まられたのだろうか。

Clover出版のオーディションで、グランプリ受賞者に選んでいただき、その後、新横

浜で、初めて、代表取締役社長であり編集長でもある小田さんと打ち合わせをしたときの感動を、今でも、はっきりと覚えています。

あの日、私は、目次とプロローグ、それに、本文の最初の数ページの原案をもって行きました。

それに、すーっと目を通した小田さん、

「えーっと、このプロローグの文体に、本文も合わせた方がいいですね。プロローグの方に、本来の工藤さんの文章の良さが出ています。本文の方は、策略を感じるんです。策略を感じると、読者って読むのをやめるんです。たとえば、ここ」

と、プロローグの中の一文を指して、

「この文章に込められている熱と、こちら」

本文の方の一文を指して、

「この文章との温度の差、分かりますか?」

……すごい。

なぜ、なぜ分かるんだろう？　一度、目を通しただけで。

小田さんの指摘の、あまりの的確さに、私はしばらくのあいだ、唖然としていました。

そして、心の奥底から、感嘆の思いが湧き上がり、それが、大きなよろこびとなって、私を包みました。それは、

「私のほんとうの姿を、分かってもらった」

という、よろこびでした。

そのとき、ふと、かつて、私の手術をしてくださった、あの、外科医の先生の姿が、目に浮かびました。

「私はプロの〇〇です。〇〇の資格をもっています。」

そう、自己紹介をすることは、だれにでもできることです。

でも、一言も、自分自身について語ることなく、相手の心に、それを実感させること

は、ほんとうの専門家、数えきれないほどたくさんの経験を積んだ「プロ」にしか、できません。

小田さんのような方に、初めての本を作っていただけること。
たくさんの貴重なアドヴァイスをいただけること。
これ以上の幸運が、あるでしょうか……。
語り尽くせぬ感謝の気持ちを、ここに記したいと思います。
同時に、Clover 出版のみなさまにも、心よりお礼申し上げます。

最後に、もう一人の専門家。
この本のために、1枚1枚、あたたかいまなざしで、写真を撮り、処理をほどこして送ってくれた、韓国の写真家の友だち Volffi ほんとうに、どうもありがとう。

2020年 11月　横浜にて

工藤咲良（くどう・さくら）

1979年 奈良生まれ。

先天性弱視（視力 左0.05 右0 矯正不可能）。４歳からピアノを、７歳からソルフェージュを学ぶ。私立明星学園高校卒業。東海大学教養学部芸術学科音楽学課程在籍中に父が脳出血により他界。日本の終末医療の在り方に疑問を抱き留学を決意。

2002年大学卒業後、株式会社ダスキン「障害者リーダー育成海外研修派遣制度」の研修生として渡独。ベルリンの音楽療法士養成校Musiktherapeutische Arbeitsstätteにて５年間学ぶ。2008年ゲーテアヌム医学部門認定音楽療法士（シュタイナー音楽療法士）として帰国。以後、音楽療法及び音楽療法士の育成に尽力。

2016年ライアー演奏家として活動を開始。同年より２年間ソウルの音楽療法士養成院にて非常勤講師を務める。2018年日本の音楽療法士養成コース卒業生計13人の国際資格取得を達成。それを機に講師を引退。

同年秋Clover出版の著者発掘オーディションにてグランプリに選出され、本書を執筆。

PHOTO

Volffi

1967年韓国ソウル生まれ。

1993年建国大学文獻情報学科卒業後、ソウルフィルムアカデミーにて短編映画を製作。1996年カナダ、アルバータ大学夏季講座で写真構図学を学ぶ。1997年よりアメリカ、イースタンミシガン大学にてフィルム&コミュニケーションを専攻。パフォーマンスアートミュージックを副専攻。

2001年帰国後、映画会社にて助監督を担当。

2008年、偶然に出品した写真公募展にて金賞、銀賞他多数入賞し、写真家として第二の人生を歩みはじめる。撮影スタジオにて商業写真部長を務める一方、フリーカメラマンとしてミュージカル、バレー、古典舞踊、コンサート等の公演写真撮影を手掛ける。2013年、雑誌出版社の写真記者となる。2018年以降フリー写真家として活動中。

装丁／冨澤 崇（EBranch）
校正協力／新名哲明・永森加寿子
編集・本文design＆DTP ／小田実紀

静寂なほど人生は美しい

弱視の音楽療法士が伝える「聞こえない音」の世界

初版1刷発行 ● 2020年11月19日

著者

工藤 咲良（くどう さくら）

発行者

小田 実紀

発行所

株式会社Clover出版
〒162-0843 東京都新宿区市谷田町3-6 THE GATE ICHIGAYA 10階
Tel.03(6279)1912 Fax.03(6279)1913 http://cloverpub.jp

印刷所

日経印刷株式会社

ISBN 978-4-86734-001-1 C0095